見て楽しむアイシングクッキー

絵本のようなお菓子

milky pop.

はじめに

アイシングクッキーは、自分の好きなモチーフを選んだり、
または誰かを思って贈ったりと、特別なお菓子。
これまでたくさんのモチーフを描いてきました。
最近ではつくらなくなってしまったデザインもありますが、
私の記憶の奥底には、今でも大切に残っていて、
昔つくったアイシングクッキーを覚えてくださっている方に声をかけていただくと、
そのたびにうれしくてドキッとしてしまいます。

この本は、「月刊MOE」の連載でつくったアイシングクッキーを中心にまとめました。
私はかわいい絵を見るのが大好きなので、
連載中その都度、絵本を読み、その作品のキャラクターや名場面を
アイシングクッキーに仕立てるのは、とても楽しい時間でした。
もちろん、細かい絵柄のものを原作に似せてつくるのは難しいのですが、
シンプルな絵柄はシンプルならではの難しさがあり、どの作品も心を込め、時間をかけて制作しました。

また、絵本や古典童話へのオマージュとしてつくった作品以外に、
お菓子の家や好きな動物など、オリジナル作品も紹介しています。
オマージュは、原作の方とそのファンの方のことを考えると、
どうしても緊張してしまうので、オリジナル作品は、
なるべくのびのびとつくることを心がけました。

この本は、レシピ本ではないので、
作品それぞれのつくり方が載っているわけではないのですが、
その分、たくさんの作品を収録しています。
かわいいものやお菓子が好きな方などに、
アイシングクッキーの写真集として楽しんでいただけたらうれしいです。

それでもやっぱりつくってみたい！という方のために、
アイシングクッキーの基本のつくり方と定番モチーフの型紙を用意しました。
ぜひつくってみてくださいね。

milky pop.

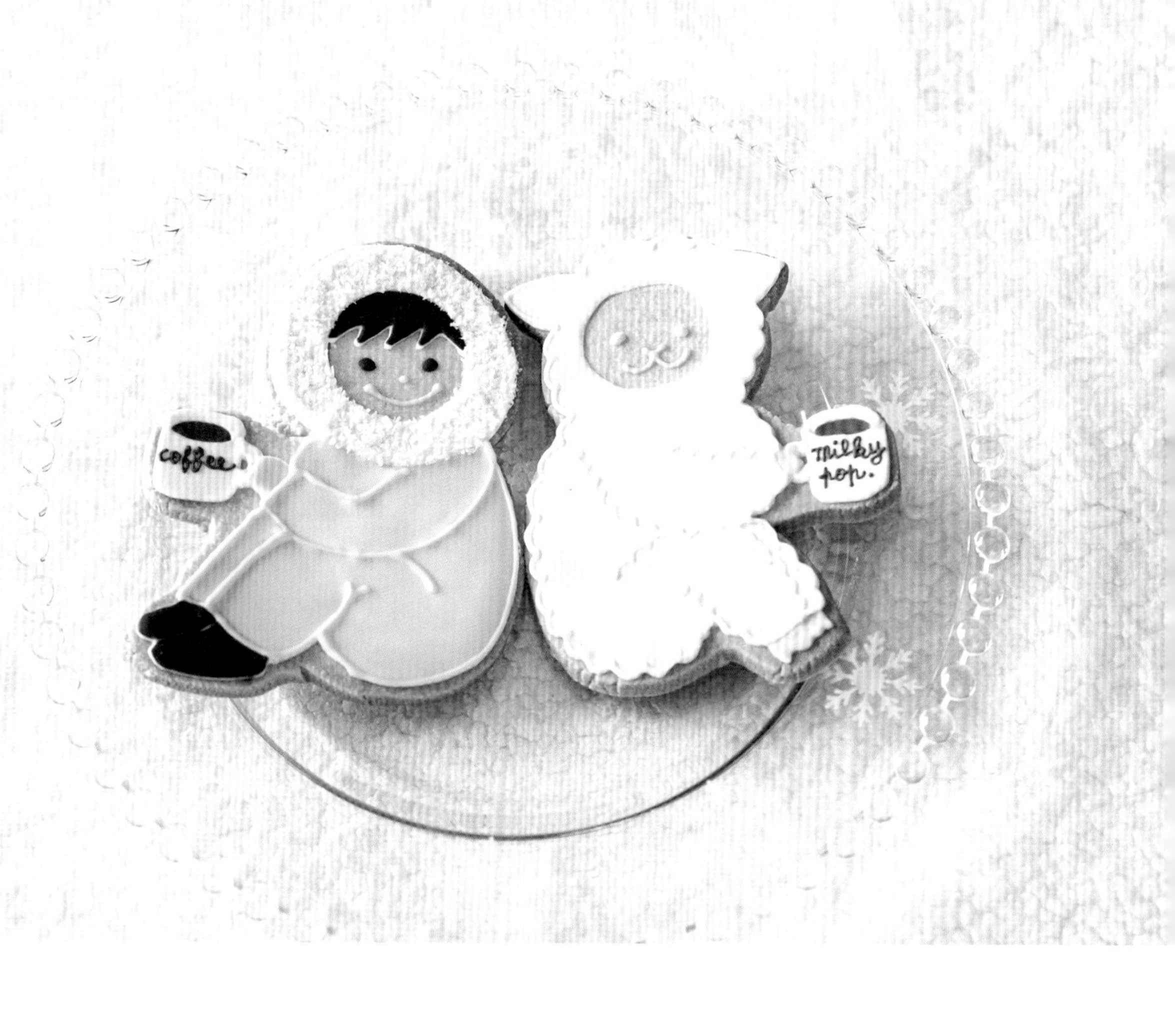
coffee
milky pop.

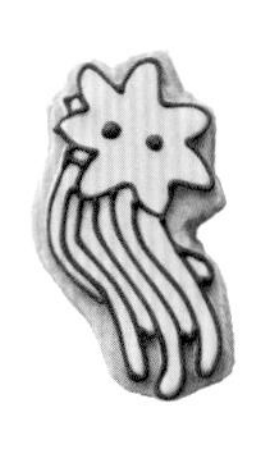

Chapter 1

大好きな絵本へのオマージュ

Chapter 2

心ときめく乙女の世界と古典童話

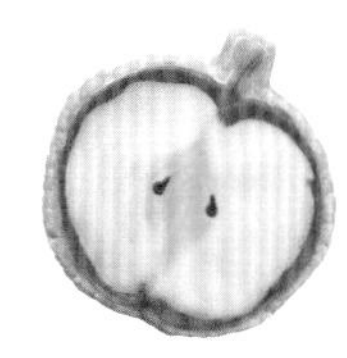

Chapter 3

かわいい動物と食べもの

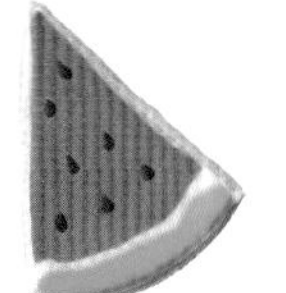

Column

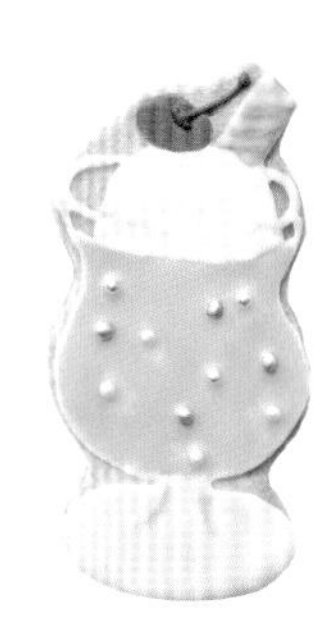

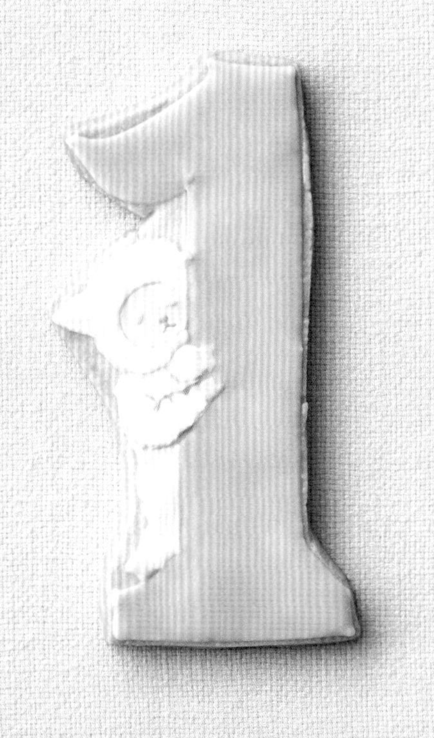

大好きな絵本へのオマージュ

展覧会やイベントのたびにコラボレーションをしている
ヒグチユウコさんの作品をはじめ、世界中の人気者ミッフィー、
おいしそうで見ているとほっとする『からすのパンやさん』など、
憧れの絵本作品をアイシングクッキーに仕立てました。

ヒグチユウコの絵本とアート

絵本、アート、プロダクトなど、幅広いジャンルで活躍するヒグチユウコさん。
milky pop.は、ヒグチさんと出会ってからずっと、
ヒグチさんが描くねこや生きものたちをアイシングクッキーでつくり続けています。

〈ニャンコとアノマロ、ボリス〉

ぬいぐるみのニャンコと、ニャンコの相棒で、
古代生物アノマロカリスのぬいぐるみのアノマロ、
一見いじわるだけど、実は頼りになる、
心優しいねこのボリスが活躍する絵本シリーズ。

『せかいいちのねこ』
ヒグチユウコ／絵と文　白泉社

ぬいぐるみのニャンコは、飼い主の男の子が赤ちゃんの頃からずっと一緒ですが、自分に飽きてしまうのではないかと心配です。本物のねこになるべく旅にでます。

『いらないねこ』
ヒグチユウコ／絵と文　白泉社

ある日、ニャンコは体の冷えた小さなねこを見つけます。うろたえるニャンコを見て、ボリスは冷静に指示。父親として頑張るニャンコと子ねこを抱きしめます。

『ほんやのねこ』
ヒグチユウコ／絵と文　白泉社

小さな本屋の謎めいた女主人が主人公のお話。彼女の1日は、エプロンを選ぶことから始まります。そして今日もお店には不思議なお客さんがやってきます。

『ほんやのねこ』より

Message
from
milky pop.

販売用はいつもたくさんつくるので、細部まで再現するのは難しいのですが、

この作品は1点だけなので、毛並みのほわほわも表現できました。

本屋のおねえさんのところへ向かう2人の

ウキウキ感が少しでも伝わったらうれしいです。

『せかいいちのねこ』より

Message
from
milky pop.

ニャンコはいつもこんなふうにアノマロと一緒におでかけしているんだろうなぁ……
という日常的な雰囲気がとても好きで、この絵をモチーフにしました。
クローバーは幸運を呼ぶモチーフなので、
見ていても描いていても幸せな気持ちになります。

『いらないねこ』より

Message
from
milky pop.

ヒグチさんの愛猫で、絵本にも登場するボリスは、

これまで何度もクッキーにしてきました。

こちらの子ねことニャンコをぎゅーっと抱きしめているボリスの絵は、

なんともいえない幸せな雰囲気が漂っていて大好きです。

〈62匹のシリーズ〉

ヒグチさんの描くねこや生きものは、本の中だけでなく、
展覧会会場でしか会えないスペシャルな子もいます。
こちらはmilky pop.が一目惚れしてしまった作品。
何度も通ってしまったという陶磁器展の62匹のシリーズです。

8人の陶磁器展の立体作品

（造形はデザイナーの名久井直子さん、筆入れと原画はヒグチさん）は、

本当に見るのが楽しくて、ヒグチさんの解説を読んでいたら動く姿を想像してしまったほど。

たくさんいる中から特にキュンとした子たちを選んでつくりました。

〈 安眠様とそいね様 〉

ヒグチユウコさんが、ときどきTwitterで紹介してきた
さまざまな神様。その中の一部が、
ヒグチユウコ展「CIRCUS」で販売された
オリジナルグッズ「神ミイルティー」（カモミールティー）の
おまけの神様シールになりました。

Message
from
milky pop.

神ミイルティーの特典シールになっていた神様が大好きで、見つけた瞬間に
「これはクッキーにしたい！」と思いました。
たくさんの神様がいる中、そばにいてほしい、優しい神様を選びました。

〈メレンゲちゃん〉

以前、「ほぼ日刊イトイ新聞」の店舗「TOBICHI」で
販売された、ヒグチさんのパッケージに、
milky pop.のクッキーが詰まったお菓子セット。
その箱を封するためのシールに描かれていたのが
このメレンゲちゃんでした。

Message from milky pop.

ヒグチさんが描いてくださったメレンゲちゃんはもともと線画でしたが、
メレンゲなので、カラフルな色だったらますますかわいいなあと。
メレンゲから生まれたメレンゲちゃんなので、背景に小さなメレンゲを敷き詰めました。

ディック・ブルーナの絵本

シンプルな線が見る人の想像をかきたてる、
オランダの作家、ディック・ブルーナさんの絵本。
世界中で大人気のミッフィーとクリスマスの絵本をクッキーに仕立てました。

〈ミッフィー〉

ミッフィー（うさこちゃん）の誕生、
そして海や動物園へのおでかけと
ミッフィーと家族の日常が楽しめる3作品。
おしゃれなお父さんとお母さん、
ミッフィーの海水パンツ姿にも注目です。

『ちいさな うさこちゃん』
ディック・ブルーナ／作
いしいももこ／訳　福音館書店

かわいいおうちで暮らすふわふわさんとふわおくさんの元に、ミッフィー（うさこちゃん）が誕生しました。たくさんの動物たちがお祝いに駆けつけます。

『うさこちゃんと うみ』
ディック・ブルーナ／作
いしいももこ／訳　福音館書店

ミッフィーは、お父さんが引っ張ってくれる車に乗って、砂丘や貝のある大きな海へと向かいます。砂山をつくったり、貝を集めたり、海でたっぷり遊びました。

『うさこちゃんと どうぶつえん』
ディック・ブルーナ／作
いしいももこ／訳　福音館書店

お父さんに動物園に誘われたミッフィーは大喜び。動物園にはにこやかに話しかけるオウム、つぶらな瞳がかわいいシマウマ、キリンなどが待っていました。

『ちいさな うさこちゃん』より

Message
from
milky pop.

ふわふわさんとふわおくさんが暮らすかわいいおうち。
ミッフィーの誕生を祝う動物たちも登場して……と、
読んでいたら幸せのおすそ分けをしてもらった気分に。
そんな幸せな空間をかわいいお花で包むように表現しました。

『うさこちゃんと うみ』より

Message
from
milky pop.

シンプルに見えるキャラクターほど、アイシングで描くのは難しいので、
ミッフィーを描くのはとても緊張しました。
ミッフィーは洋服がいつもかわいくて、こちらの水着姿も、
ボーダーや花柄のドレス姿やフードをかぶっている姿もとても好きです。

『うさこちゃんと どうぶつえん』より

Message from milky pop.

最初に枠線だけ描いた状態では、似ているかどうか

確信をもてないのですが、６色のブルーナカラーを塗っていくと、

一気にブルーナさんのキャラタターになっていきました。

その過程を楽しみながらつくりました。

〈クリスマス〉

ブルーナさんは、ミッフィー以外にもたくさんの絵本を手がけました。
『クリスマスって　なあに』はその1冊。神様の子どもの誕生を祝う、
天使たちの清らかな歌声が空に響きます。

Message
from
milky pop.

ブルーナさんのシンプルな線は、子どもにわかりやすく、
大人の心もぎゅっとつかむ素敵なイラスト。
特にこちらの作品は、ミッフィーの絵本と違って
スモーキーな水色が使われているところに、静かな優しさを感じます。

『クリスマスって　なあに』
ディック・ブルーナ／作　ふなざきやすこ／訳　講談社

昔々、静かな夜に、ベツレヘムの小さな馬小屋で、すべての人に幸せを運んでくれる神様の子どもが誕生したことを、天使が告げました。羊飼いたちは羊を連れてベツレヘムへ。学者たちも大きな星に導かれ子どもの元へと向かいます。

レオ・レオニの絵本

オランダで生まれ、アメリカとイタリアで数多くの絵本を生み出したレオ・レオニ。
色あざやかで、デザイン的な画面が、世界中の人々を魅了し続けています。
なかでも人気の3作品をクッキーに仕立てました。

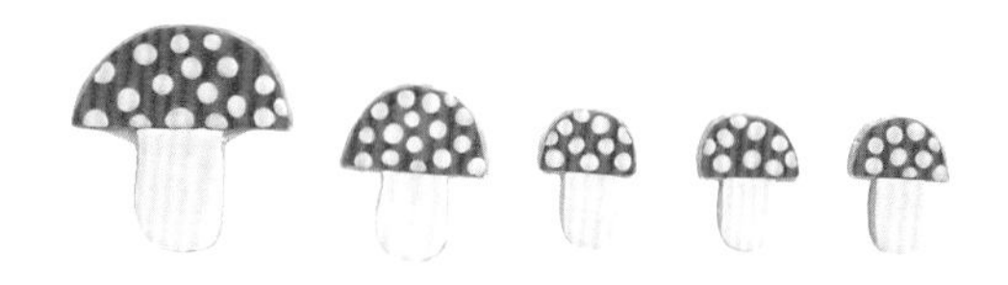

『スイミー
ちいさな　かしこい　さかなの　はなし』
レオ・レオニ／作
谷川俊太郎／訳　好学社

小さな黒い魚のスイミーは、泳ぐのが速かったので大きな魚に食べられずにすんだものの、広い海でたったひとりに。新たな出会いが待っていました。

『フレデリック
ちょっと　かわった　のねずみの　はなし』
レオ・レオニ／作
谷川俊太郎／訳　好学社

冬に備え木の実を集める野ねずみたち。フレデリックだけはじっと太陽の光や言葉を集めます。冬がきて食料が底をついた今、フレデリックの出番です。

『じぶんだけの いろ
いろいろ　さがした　カメレオンの　はなし』
レオ・レオニ／作
谷川俊太郎／訳　好学社

体の色が変わるカメレオンは、他の動物のように自分の色がないことに悩みます。けれども、もうひとりのカメレオンと出会い、自分を見つめ直します。

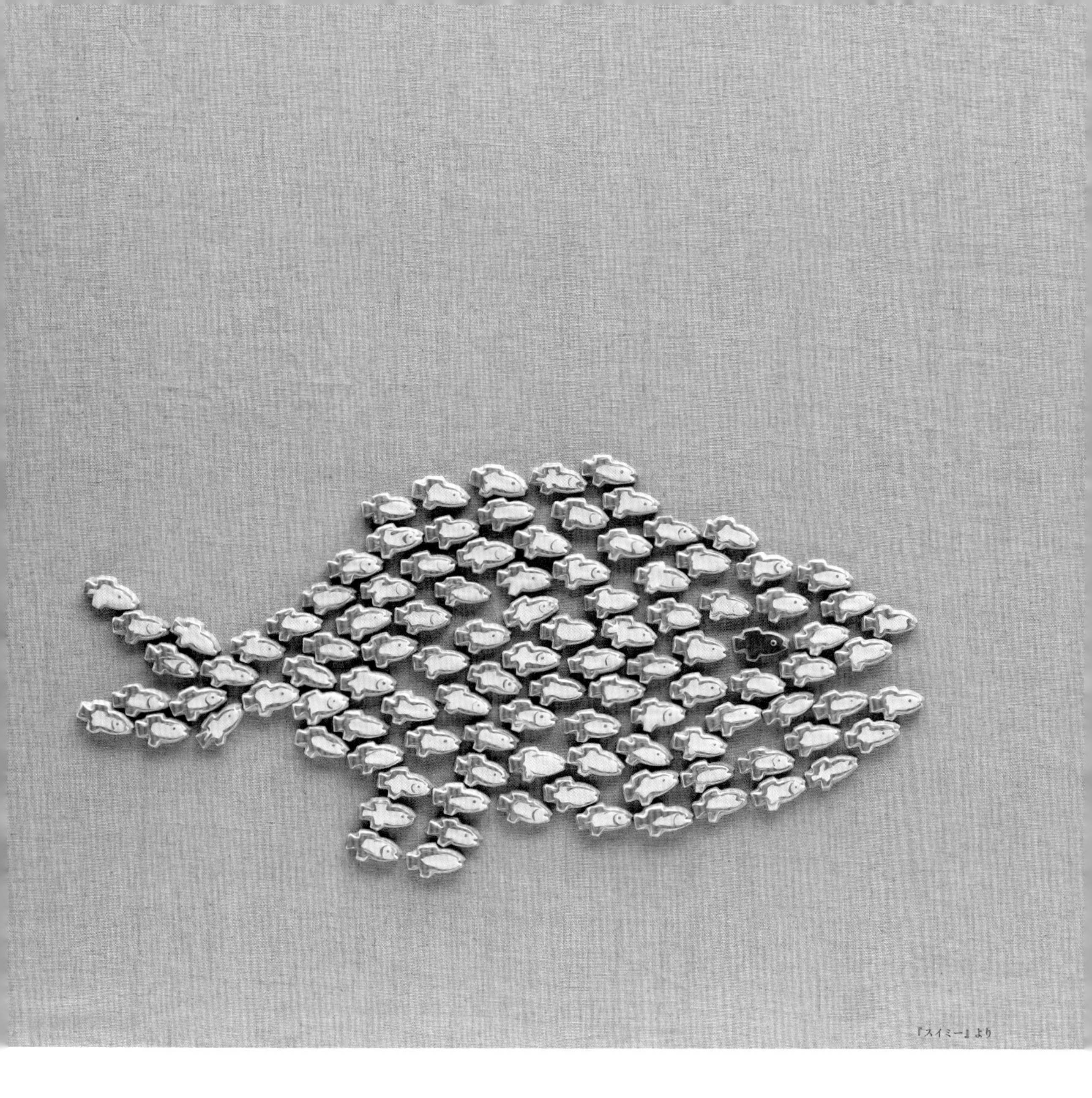

『スイミー』より

Message
from
milky pop.

子どもの頃に読んだ『スイミー』は、読んでいたら「ふわっ」と
海の中に入ったかのような気持ちになったことを覚えています。
キラキラしている幻想的な広い海で
たくさんのお魚たちが泳いでいるシーンが大好きです。

『フレデリック』より

Message
from
milky pop.

『フレデリック』といえば、お花を片手に持ち、ちょっと得意げな表情の絵柄。

この絵を描きたくて、絵本の通り、本の形にしようと思いました。

フレデリック1人だとさみしいかなと、周りに仲間を添えて。

せっかくのコラボなので、本の地色は私の大好きなパステルカラーでまとめました。

『じぶんだけの いろ』より

Message
from
milky pop.

動物のクッキーはいろいろつくったことがありますが、カメレオンは初めて。

本物と出会ったら怖くて逃げてしまうかもしれないですが、

レオ・レオニの描くカメレオンは、親近感があって一緒にお散歩したくなります。

水玉のきのこや葉っぱもかわいかったので一緒につくりました。

せなけいこの絵本

せなけいこさんの温かい眼差しが光る、小さな子ども向けの絵本。
泣いたり笑ったり怒ったり、
表情豊かな子どもや動物がにぎやかに登場します。

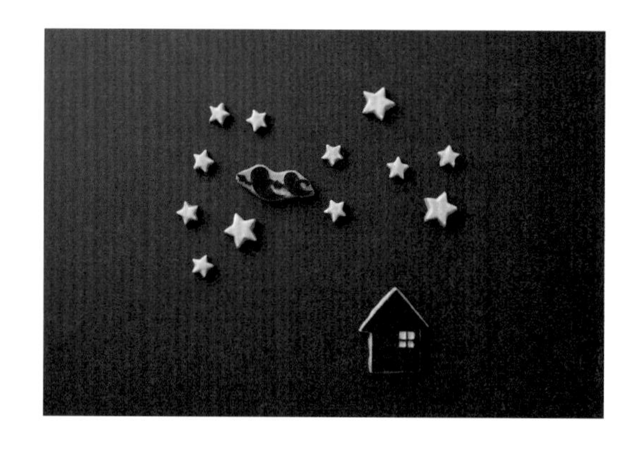

『ねないこ だれだ』
せなけいこ／作・絵　福音館書店

夜9時に起きているのは、ふくろう、黒ねこ、それともどろぼう？　夜中に起きているのはおばけだけ。遊んでいるとおばけにされちゃいます。

『ふうせんねこ』
せなけいこ／作・絵　福音館書店

片づけも、ごはんも、何をするのも嫌だといって、ぷーぷーふくれるねこ。しまいにはお顔がパンパンにふくらんで、空へ飛んでいってしまうのでした。

『あーんあん』
せなけいこ／作・絵　福音館書店

保育園に行くと、お母さんが帰っちゃうのがさみしいぼく。「あーんあん」と泣いてしまいます。他の子たちもつられて泣いてしまって……。

Message
from
milky pop.

『ねないこ だれだ』は、衝撃的な終わり方が記憶に残っています。

絵本へのオマージュとして、

「ねないこ　みつけたら　えほんから　でてきて　おばけのせかいに　つれてっちゃうぞ〜！」

のイメージでつくりました。

『ふうせんねこ』より

片づけるのが嫌で、おもちゃを散らかしているシーンが大好きなので再現しました。
この中にいるくまのぬいぐるみは、せなけいこさんの他の作品
『ねないこ だれだ』や『いやだいやだ』にも登場しているのです。
そういった発見も楽しい絵本です。

『あーんあん』より

Message
from
milky pop.

『あーんあん』のように、小さい頃は、泣いている子がいると、
周りの子もつられて大泣きしていたのを覚えています。
男の子とたくさんの涙、お魚になってしまった男の子、
お母さんが男の子を助けるのに使った網をクッキーにしました。

からすのパンやさん

キュートなからすの親子たちがつくる、とってもおいしそうなパン！
食パンやクリームパン、ぶどうパンといった定番人気のパンから、
テレビパン、かみなりパンのようなユニークなものまでたくさん登場します。

動物の形をしたパンがたくさん登場していて、
動物モチーフが大好きなので絞りきれず、
選ぶのが大変でした。
また、絵本の場面のように、
こんがりおいしそうに見えるように、
茶色は８種類のグラデーションを用意してアイシングしました。

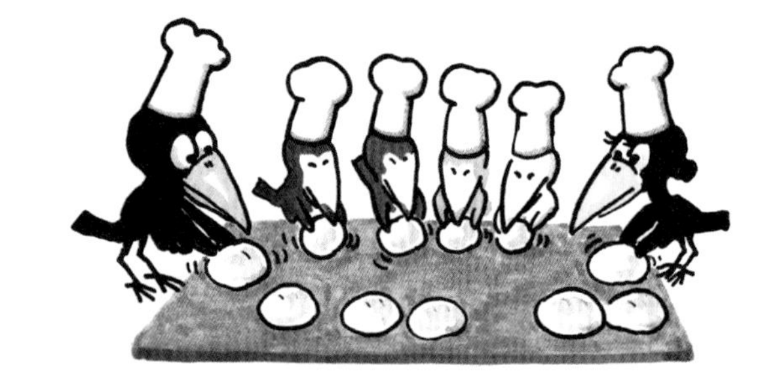

『からすのパンやさん』
かこさとし／作・絵　偕成社

からすのパンやさんの家に4羽の赤ちゃんが生まれました。お父さんとお母さんは4羽の世話で忙しく、お客さんは減ってしまいますが、子どもたちは売れないパンを食べてすくすく成長。4羽が食べるめずらしいパンが評判になります。

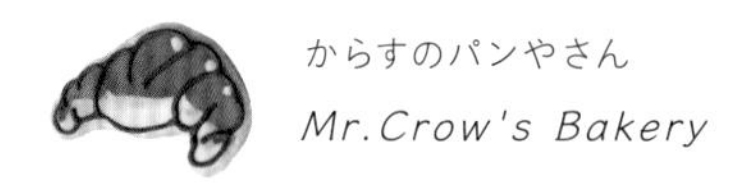
からすのパンやさん
Mr.Crow's Bakery

しろくまちゃんのほっとけーき

オレンジのしましまエプロンを身につけて、
粉が飛び散るほどに一所懸命、生地をかき混ぜるしろくまちゃん。
お皿や花など、描かれている小道具もおしゃれでかわいいです。

Message
from
milky pop.

『しろくまちゃんのほっとけーき』は、
とにかく色合わせがかわいい。
色とりどりのお皿を使いたいし、
どのお皿にもほかほかのホットケーキをのせたい、
ちょこんと描かれているかわいいお花も飾りたい、
と私の好きなものを詰め込みました。

『しろくまちゃんのほっとけーき』
わかやまけん／作　こぐま社

「わたし　ほっとけーき　つくるのよ」と言って張り切るしろくまちゃん。お母さんに教えてもらいながら、ボウルに材料を入れて混ぜます。フライパンに生地を流し入れ、きれいに焼き上がると、こぐまちゃんと仲良く食べました。

ぐるんぱのようちえん

素直で好奇心旺盛な、ぞうのぐるんぱ。
お店や工房で張り切って働きますが、ぐるんぱがつくるものは
ビスケットもお皿も靴もピアノもどれも大き過ぎて大変です！

Message
from
milky pop.

ぐるんぱが描いたお皿の花模様がかわいかったので、
絵本の中では描いている途中だった
このお皿を描き終えたいなと、
まずお皿をつくることを決めました。
また、ぐるんぱの優しくて温かい雰囲気が出るように、
アイシングはきっちりしすぎないよう心がけました。

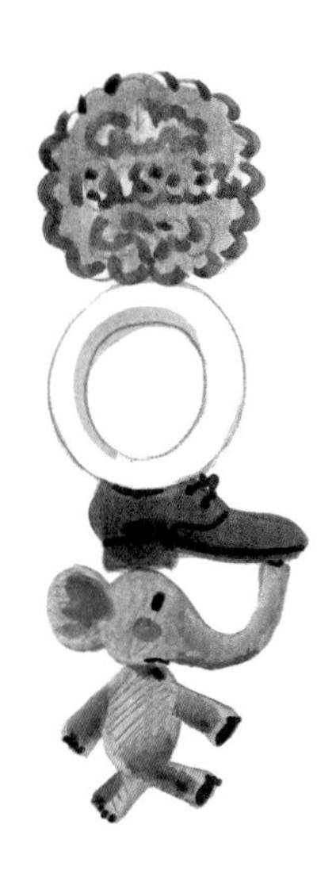

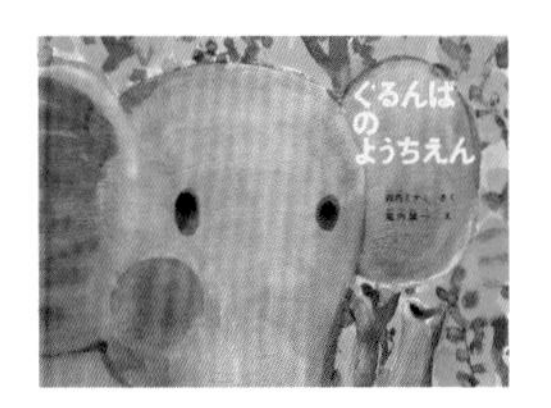

『ぐるんぱのようちえん』
西内ミナミ／作　堀内誠一／絵　福音館書店

汚くて臭いぞうのぐるんぱは働きに出ることに。体をきれいにして、ビスケット屋や靴屋等で働きますが、彼のつくるものは大き過ぎて嫌がられてしまいます。そんなぐるんぱが行き着いたのは12人の子どものいる家でした。

BISCKET
BISCKET
BISCKET
BISCKET
BISCKET
BISCKET

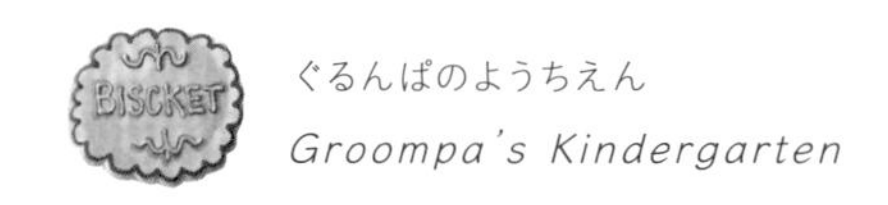

ぐるんぱのようちえん
Groompa's Kindergarten

BISCKET

11ぴきのねこ

11ぴきのねこがいきいきとのびやかに活躍する姿がかわいい絵本。
魚を見つけたら、我先にと飛びかかる食いしん坊のねこたち。
とらねこ大将の指揮のもと、力を合わせて大きな魚を捕まえます。

Message
from
milky pop.

11ぴきのねこたちのかわいくて、
ころころと変わる表情にひきこまれます。
みんながニコニコしていると、
読んでいる私もつられてニコニコ。
魚を仲良く分けっこしながらうれしそうに食べてくれる
ねこたちを頭に浮かべながらつくりました。

『11ぴきのねこ』
馬場のぼる／作　こぐま社

いつもおなかがぺこぺこの11ぴきのねこ。湖で大きな魚を捕まえようと待ち構えますが、まるで歯が立ちません。魚が油断をしている隙を狙って、飛びかかると大成功！ みんなに見せるべく、しばらく我慢することにしますが……。

milky pop. × コラボヒストリー

以前より、作家の展覧会やイベントに合わせてコラボレーションをしてきたmilky pop.。
これまでのコラボヒストリーをまとめました。

ヒグチユウコ

画家、絵本作家。著書に『ギュスターヴくん』『ラブレター』（白泉社）、『ヒグチユウコ画集 CIRCUS』（グラフィック社）など。

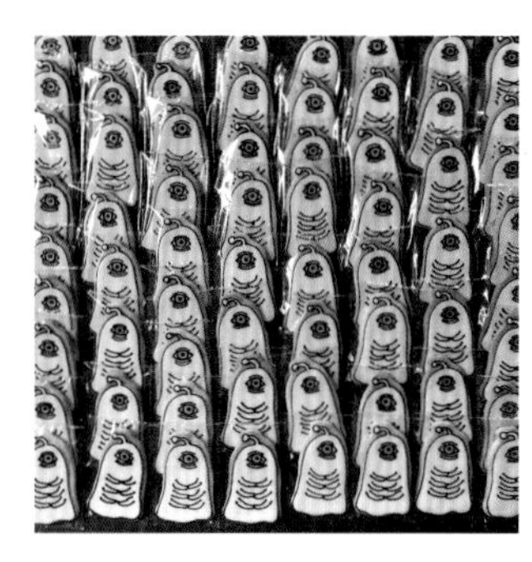

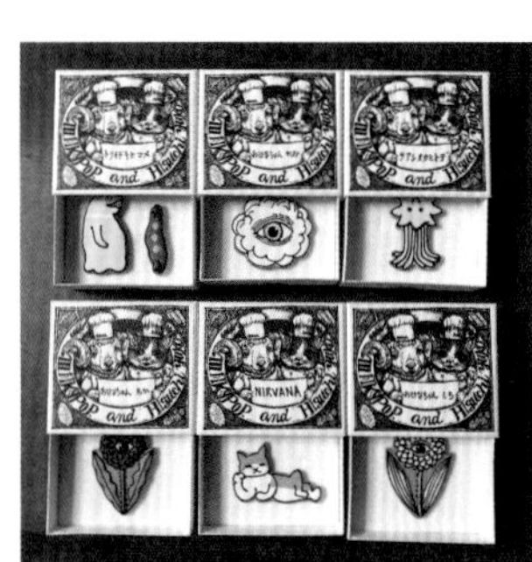

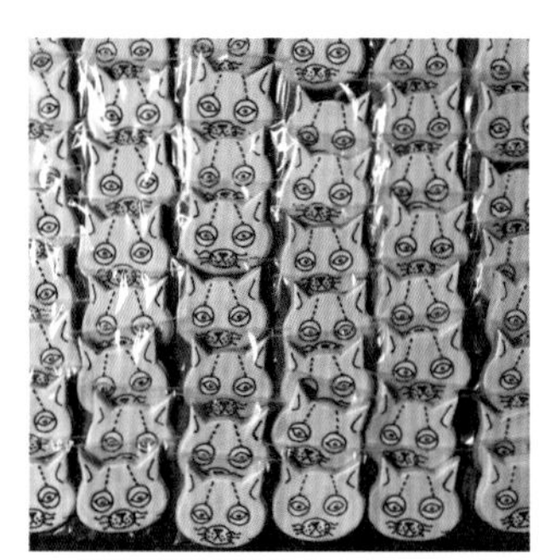

「ヒグチさんのキャラクターはどれもみんな大好きです。絵が細かすぎるとたくさんつくるのは大変ですが、そんなときはアイシングでも描きやすいようにと、ヒグチさんがシンプルなバージョンを描いてくださるのでとても助かっています」ⓜ

Column

P.8～11にも登場したニャンコ、ボリス、アノマロ。「アノマロは控えめなキャラクターに見えがちですが、ヒグチさんのファンはみんな大好き。アノマロのブローチをつくったときは、お客さんからSNSを通じてコメントがたくさん届きました」ⓜ

萩岩睦美

漫画家。代表作に
『銀曜日のおとぎばなし』
『小麦畑の三等星』
『うさぎ月夜に星のふね』
（集英社）など。

「2015年にイベントでご一緒して以来、何度もコラボクッキーをつくらせていただきました。
2人のコラボクッキーを見た方から、萩岩さんのイラストは本当にアイシングクッキーに合うね！
と言われることが多く、他の作家さんとは違った愛着を感じています」ⓜ

石黒亜矢子

画家、絵本作家。絵本に『おおきなねことちいさなねこ』（好学社）、『いもうとかいぎ』（ビリケン出版）など。

「石黒さんのマンガ『てんまると家族絵日記』が面白くて大好きです。そのマンガのねこのクッキーは何度もつくりました。他に『猫かるた』のねこも。石黒さんのねこは一癖も二癖もあるので、一体どんな子だろう？ と想像しながらつくるのが楽しかったです」ⓜ

Column

北岸由美

イラストレーター。著書に『366日のちいさな物語』（主婦の友社）、『ねこねこほいくえん　おさんぽカー』（講談社）など。

「北岸さんのおしゃれでかわいい動物たちが一緒に過ごす世界を見ていると、私もその中に入ってみんなと仲良く過ごしたくなります」ⓜ

キューライス

漫画家、絵本作家、イラストレーター、アニメーション作家。絵本に『ドン・ウッサ そらをとぶ』（白泉社）など。

「キューライスさんの作品がヒグチさんのお店、ボリス雑貨店で展示をされるときにつくったクッキー。まぼろしの動物フィッケルペルネンクスです」ⓜ

心ときめく乙女の世界と古典童話

本章では、子どもの頃、誰もが一度は夢見た「お菓子のおうち」が出現。
さらに『不思議の国のアリス』『赤ずきん』『白雪姫』など、
人気の古典童話をモチーフに、クッキーやケーキをつくりました。
乙女心をくすぐる作品の数々です。

お菓子のおうち

雪の積もった静かな森に、パステルカラーのかわいいおうちがありました。
いったいどんな人が暮らしているのな？ と想像を掻き立てられます。
ほんのりと甘い香りにつられてやってくる人もいるかもしれません。

Message
from
milky pop.

お菓子のおうちは、イベントに合わせてこれまで3回つくったことがあります。
今回のテーマは「冬」。
静止画で見ても、森の空気を感じられるようにしたくて、
もみの木をあえて斜めにしたり、屋根の雪を垂らしたりしています。

よく見ると、家の周りに足跡を発見！
はしごを使って、
屋根にのぼっていったのかな？

お菓子のおうち
Cookie House

1

2

1 お客様がやってきましたよ。「ノックノック！ メリークリスマス！」

2 煙突の溶けた雪がおいしそう！

3 おうちの中をのぞくと人影が。どうやらプレゼントを持ってきてくれたみたい。

4 もうひとりのお客様が窓からのぞいています。

3

4

クリスマスと冬

冬やクリスマスの定番モチーフもキュートなアイシングクッキーに。
受け取る人の喜ぶ顔を思い浮かべながら、1つ1つ描きます。
オーナメントやプレゼントに大活躍です。

Message
from
milky pop.

もみの木やソックス、ステッキなど、クリスマスの定番モチーフの中に、
私のオリジナルキャラクターのエスキモーくん（左）とラム（右）を登場させました。
星に表情をつけたり、メッセージを書き添えたりしても楽しいです。

クリスマスモチーフのクッキーなら、
リースに飾るだけで
オーナメントになります。

merry X'mas
milky pop.

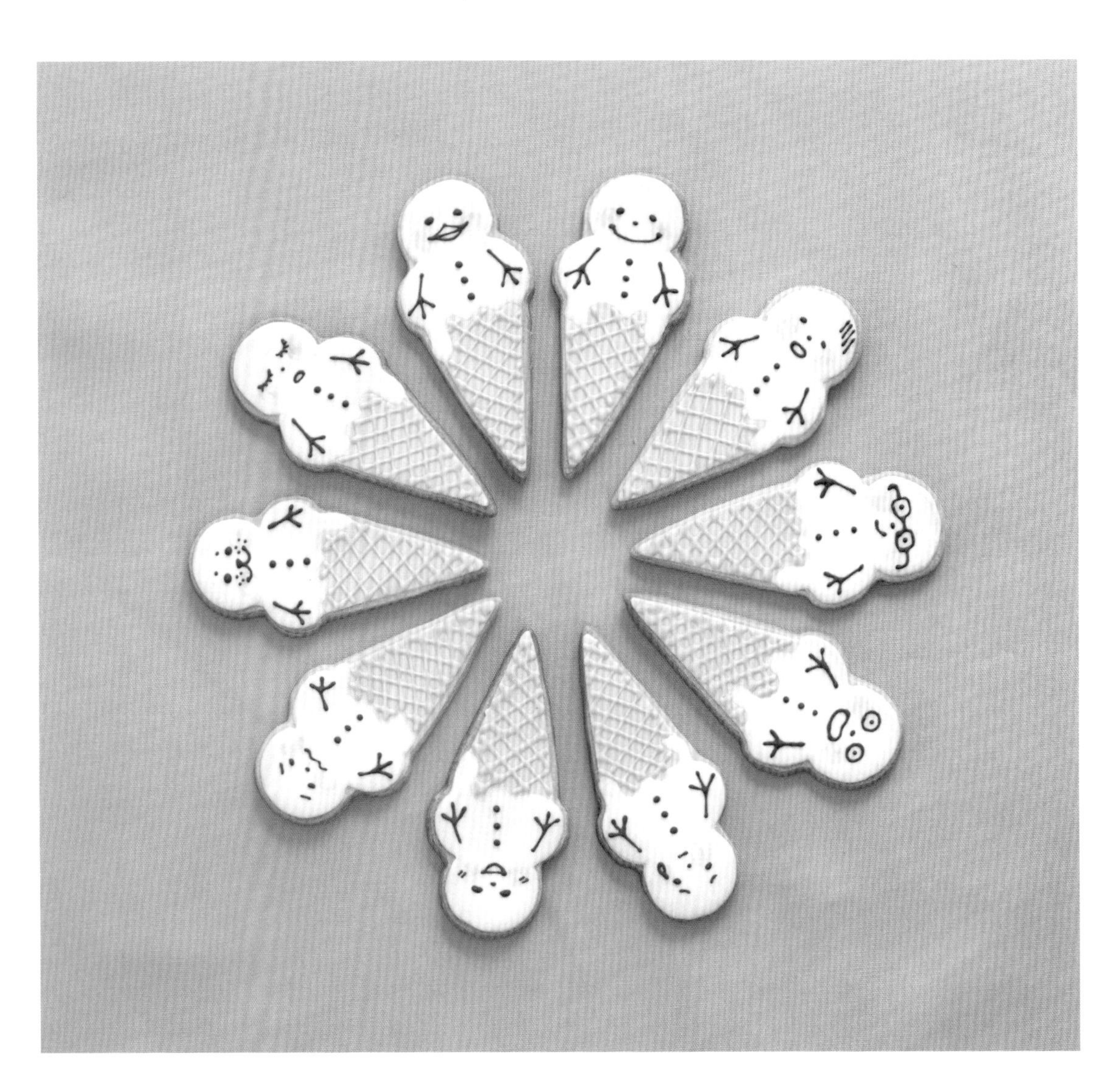

Message from milky pop.

雪だるまのクッキーを1年中つくりたくて、夏でも涼しげに見えるアイスクリーム型にしました。
展示販売するといつも、お客さん自身がほしい絵柄や、
贈る相手のことを思って選んでくださるのがうれしいので、1つ1つ表情を変えています。

Message from milky pop.

色とりどりのミトン型アイシングクッキーは、同じ型で色や柄違いをつくるのが楽しくて、お気に入りです。ファーのふわふわ感を出すために、白のアイシングを塗った上にココナッツファインをトッピングしています。

不思議の国のアリス

文学好きにも、乙女チックな世界が好きな人たちにも愛される
古典童話『不思議の国のアリス』と『鏡の国のアリス』。
キュート&ポップなアイシングクッキーとケーキで表現しました。

心をつかまれるのは、
冒頭のおしゃれな白ウサギが
ポケットから懐中時計を取り出して慌てて駆けていくシーン。
今回、アリスの世界をお菓子の国に仕立てたいと思い、
変幻自在に絞ってつくれるメレンゲで文字を描き、
周りに飾りました。

『ふしぎの国のアリス』
ルイス・キャロル／作
芹生一／訳　偕成社文庫

懐中時計を見つめ駆けていく白ウサギを追いかけて、ウサギ穴から深い井戸のような中へ落ちていくアリス。体が大きくなったり小さくなったり、ヘンテコな生きものがいたりと、不思議な世界が待っていました。

『鏡の国のアリス』
ルイス・キャロル／作
芹生一／訳　偕成社文庫

『ふしぎの国のアリス』の続編。ある日、暖炉の上の大きな鏡を通り抜けられたら？　と、アリスがふざけて言うと、本当に鏡を通り抜けてしまって……。何もかもが逆さまの鏡の世界で、新たな冒険が始まります。

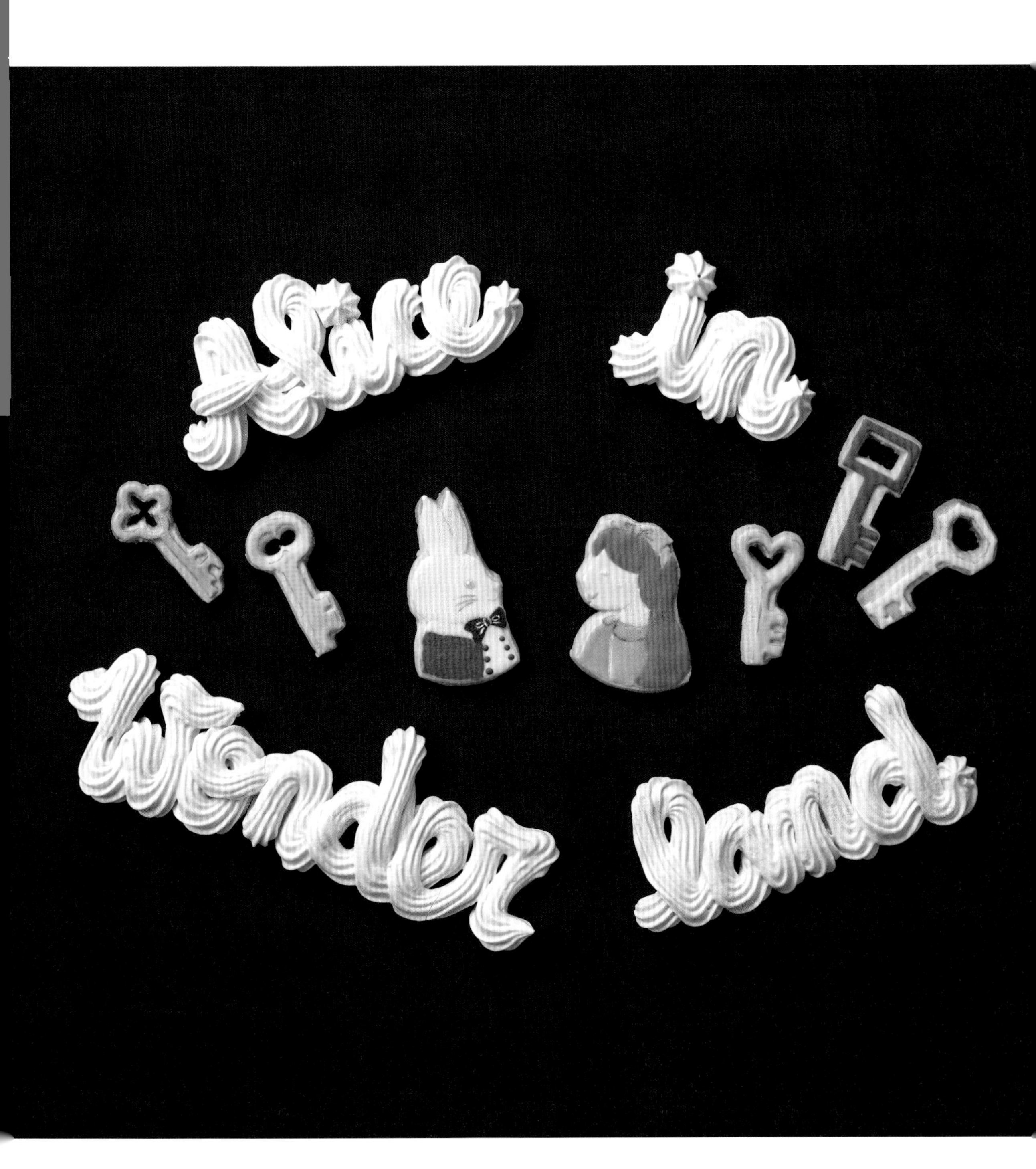
Alice
in
wonder
land

不思議の国のアリス

Alice's Adventures in Wonderland

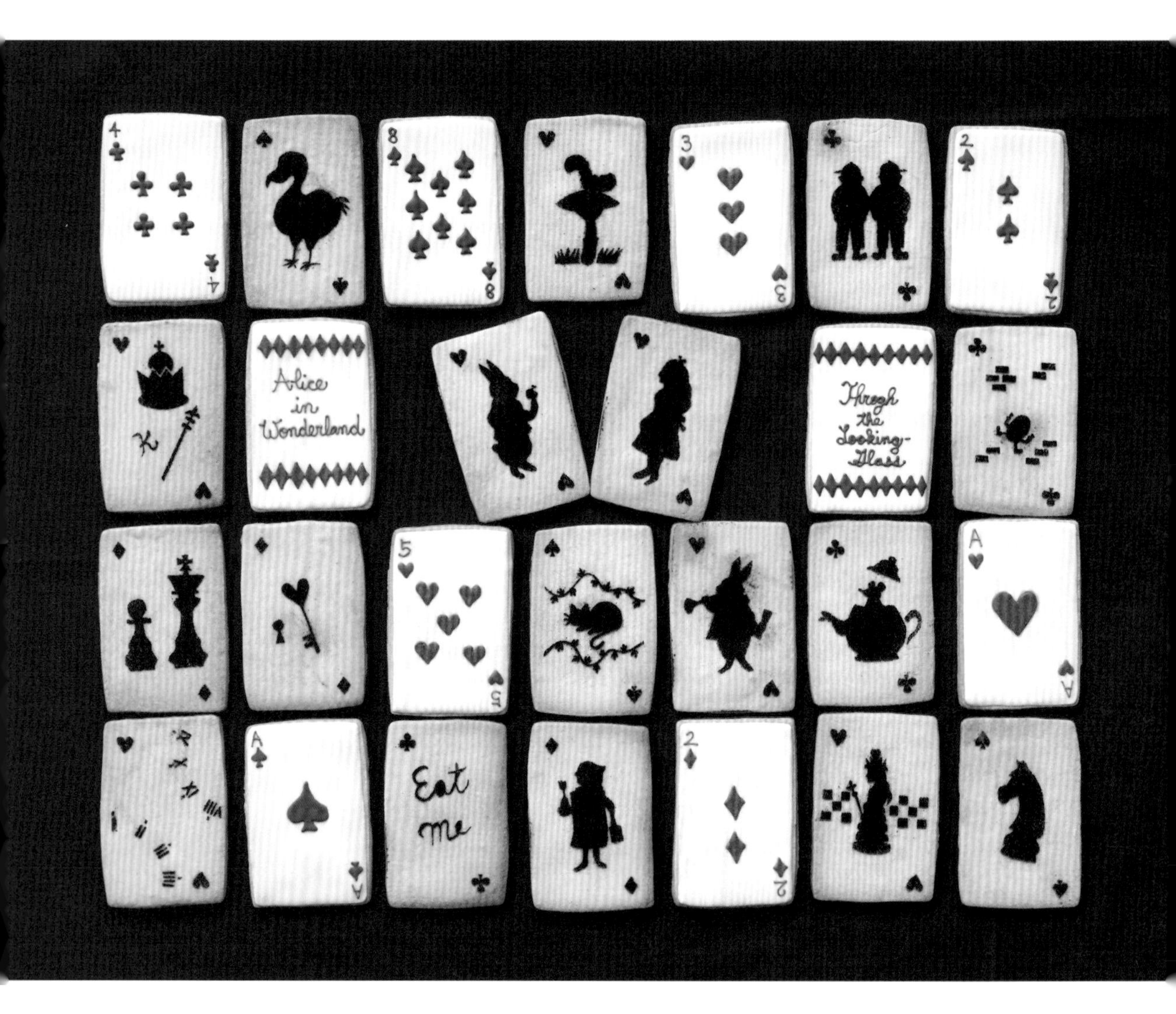

Message from milky pop.

トランプの国からアイディアを広げて、2つの物語の好きな場面やキャラクターを
シルエットでたくさん描きました。アリスと白ウサギはもちろん、チェシャネコや、
ティーパーティーのシーンに登場するネムリネズミもお気に入りです。

Message
from
milky pop.

もともと「対なもの」にキュンとしがちで、
『鏡の国のアリス』に登場する、
似ているけどちょっと違うものや正反対なものにわくわく。
一緒に並べたくてつくりました（上）。
ハンプティ・ダンプティ（左）は、
気難しそうな性格が出るように描きました。

不思議の国のアリス
Alice's Adventures in Wonderland

Message
from
milky pop.

何か立体的なものをつくりたいなと考えていたところ、
ティーパーティーの場面がぴったり！ と思いつき、
そこから想像を広げました。
Eat meの文字や、
カラフルなDrink meのボトルを並べ、
にぎやかなパーティーに仕立てました。

アリスが飲みほすと
たちまち背が低くなる
Drink meのボトルは、
『不思議の国のアリス』の中でも
特にアイコニックなアイテム。
大小サイズの異なるボトルを
並べるだけでもかわいい。

Drink Me!
Drink me
Drink me
drink me
Drink me
Eat Me

赤ずきん

病気のおばあさんのお見舞いに行くことになった、
赤ずきんちゃん。森でオオカミと出会います。
バスケットを抱えたかわいい赤ずきんちゃんと、
ペロリと舌を出したオオカミが愛おしい作品です。

Message
from
milky pop.

おばあちゃんの喜ぶ顔を想像して、
何も疑うことなく純粋でかわいい赤ずきんちゃんと、
背後からその様子をニヤリとした顔でこっそり見ている、
おなかを空かせたオオカミをつくりました。
赤ずきんちゃんの赤色をポイントにしたくて
いくつかの木にりんごを描きました。

『赤ずきん』
グリム／文　バーナディット・ワッツ／絵
生野幸吉／訳　岩波書店

グリム童話の中でも特に有名な『赤ずきん』を、イギリスを代表する絵本作家バーナデット・ワッツ＊が、美しく繊細なタッチで描きます。ストーリーは原作に忠実に訳され、グリム童話ならではの恐怖も堪能できます。

＊日本語の表記では、バーナデットまたはバーナディットの2種類があります。

ヘンゼルとグレーテル

ヘンゼルとグレーテル兄妹は、
お父さんと継母と暮らしていました。
ある日、森に置き去りにされた2人が
たどり着いたのは、お菓子のおうち。
おいしそうにお菓子をほおばる
2人の背後には、魔女の姿が。

『グリムの昔話1』
グリム／作　フェリクス・ホフマン／編・画
大塚勇三／訳　福音館文庫

ドイツのグリム兄弟が集めた昔話の中から、スイスの絵本画家フェリクス・ホフマンが厳選して、絵を描いたグリム童話集。表紙の「ブレーメンの音楽隊」の他、「ヘンゼルとグレーテル」「カエルの王さま」など35編を収録。

Message
from
milky pop.

お菓子のモチーフが大好きなので、
かわいいスイーツがいっぱいの、
お菓子の家が登場するこのお話は
私にとって夢のような物語です。
魔女の存在に気づかずに
モグモグ食べている
ヘンゼルとグレーテルに
したかったので、魔女は
閉じた窓の中に描きました。

おやゆび姫

花から生まれた小さな小さなおやゆび姫。
ヒキガエルやモグラと結婚させられ
そうになり、悲しみに暮れますが、
ツバメとともに無事脱出。
大好きな花に囲まれ、
王子様と幸せに暮らしました。

『おやゆび姫』
アンデルセン／原作　バーナデット／絵
大庭みな子／訳　西村書店

グリム童話『赤ずきん』（P.60）のバーナデット・ワッツが描くアンデルセンの物語。ビアトリクス・ポターに影響を受け、自然に囲まれて育ったバーナデットによる、ユーモアあふれる動物たちと、美しい自然の世界を堪能できます。

Snow White

白雪姫

白雪姫は、雪のように色白な美しい姫。
自分が世界で一番美しいと信じていたお妃(きさき)は、美しい白雪姫を憎み、命を狙います。
お妃は毒りんごを手に、森へ逃げた白雪姫を訪ねていくのでした。

Message
from
milky pop.

りんごのモチーフが好きなので、
りんごが印象的な『白雪姫』をつくりました。
子どもの頃から食べ物が出てくるお話に惹かれます。
絵本をケーキにしてたくさん並べたらかわいい！
と想像しながらつくった白雪姫の本型のケーキです。

『白雪姫』
グリム／原作　たかのもも／絵
フレーベル館

「鏡よ鏡、世界で一番美しいのはだあれ?」でおなじみの白雪姫の物語。お妃に命を狙われ、森へ逃げる白雪姫。7人の小人と幸せに暮らしますが……。日本人の実力派絵本作家が、白雪姫の透き通るような美しさと、グリムの怪しい雰囲気をのびのびと描きます。

milky pop. × 描く楽しみ

milky pop.のクッキーは、アイシングで描いているとは思えないほど、色も線も繊細です。
元々はそんなに絵を描いていなかったけど、最近は絵を描くことが楽しくなった！といいます。

Column

「粘土でアクセサリーをつくるようになりアクリル絵の具が手元にあったので、スケッチブックに描くようになりました。描くことが楽しくなってからはアイシングクッキーをつくる前に、絵を描いてイメージを固めています。また、お菓子の袋のシール用に描くこともあります。アイシングクッキーはしっかり集中してつくりますが、絵は描きたいときにだけのんびりと自由気ままに描いています」ⓜ

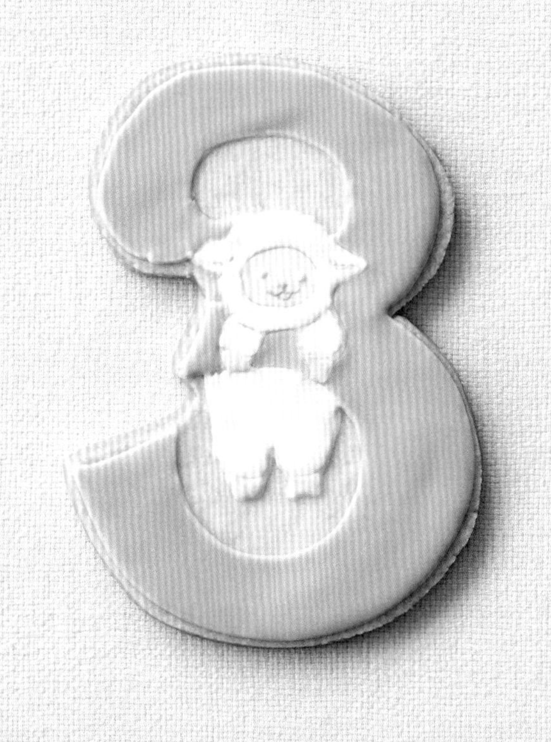

かわいい動物と食べもの

動物と食べもののモチーフは、年齢や性別を問わず大人気。
milky pop.もよくつくるといいます。
市販の型や巻末の型紙を使えば、比較的簡単につくることもできるので、
P.80のつくり方を参考に、ぜひ挑戦してみてください。

milky pop
wool 100%

大好きなひつじ

「ふわふわなひつじが大好き！」と語るmilky pop.は、
同じ型を使って、ずっとひつじのクッキーをつくり続けています。
ひつじモチーフのアイテムもついつい集めてしまうそうです。

Message
from
milky pop.

個性のある子たちをつくりたかったので、体の色を淡いピンク、白、黒、グレー、
ベージュの５種類にし、ひづめや顔の色もバリエーションをつけました。
仕上げの文字やリボンは、大好きなパステルカラーで。

左／milky pop.のフェーヴコレクション。でもこれはほんの一部。フェーヴとは、フランスの伝統菓子「ガレット・デ・ロワ」に入っている陶製の小さなお人形。「ひつじ以外も集めていますが、やっぱりひつじモチーフが一番多いです。友人たちも私がひつじ好きなのを知っているので、プレゼントしてくれることもあります」右／ひつじの絵本もたくさん持っています。特に、子どもとひつじの友情を描いたものに惹かれるそう。

キュートなりす

りすも、milky pop.の好きなモチーフ。イベントの多い秋冬は、特によくつくります。
りすの大好きな木の実や、秋色の葉っぱをリース型に並べました。

Message from milky pop.

りすが小さな手で食べものを大切そうに抱える様子や、口の中に食べものをたくさん詰め込んでぷくっと大きく膨らんだほっぺがかわいくてキュンとします。
葉っぱや木の実の色合いは秋色のグラデーションに。

可憐なスワン

純白の花嫁のような、スワンのクッキー。向かい合わせで並べることで、
ハートの形を表現しています。スワンの羽の柄の違いなど、ディテールまで楽しい作品です。

Message
from
milky pop.

スワンも大好きなモチーフでよくつくります。スワンを対で並べると
スワンハートと呼ばれるハートの形に、すずらんも向かい合わせてすずらんハートに。
さらにリボンを加えて、女の子が大好きな世界観に仕上げました。

赤いフルーツ

さくらんぼ、いちご、りんご……。赤いフルーツは、どれもなんだかかわいらしい。
大きなスイカも、男の子と一緒に並べればさわやかです。

Message
from
milky pop.

赤いフルーツはなんだかかわいくて、その場を明るくしてくれたり、
特別感をプラスしてくれたりする力があるように思います。さくらんぼは、2人（2粒）で
仲よさそうにしているのを羨ましそうに見ている1人（1粒）もつくりました。

Message
from
milky pop.

スイカといえば夏なので、さわやかなページになったらいいなと、マリンスタイルの男の子を中心に。食べものをおいしそうにほおばって食べる子が大好きなので、この男の子にも大きな一口でパクッとスイカをかじってもらいました。

黄色いフルーツ

黄色いフルーツは個性的。パイナップル、バナナ、レモンと、見ていると南国気分です。
果物の中身を見せたクッキーも一緒につくると、より華やかな作品になります。

Message from milky pop.

黄色の選抜フルーツは、パイナップル、バナナ、レモン！
以前、パイナップルをたくさんカットする機会があり、それを思い出していたら
いつの間にか食べやすいサイズにカットした小さなクッキーができあがっていました。

緑のフルーツ

さわやかでちょっぴり大人びた印象の緑のフルーツ。気取った様子のマスカット
1粒1粒に顔を描いてみたら、チャーミングなキャラクターが誕生しました。

Message
from
milky pop.

洋ナシはフランスに住んでいた頃によく食べていた思い出の果物。複数のものを見ると
それぞれの特徴を探したり、いろんな子がいてかわいいなと考えたりしてしまうので、
ついついマスカットにも愛着がわき、1粒1粒、顔を描いてしまいました。

レトロなクリームソーダ

カラフルなソーダ水に、アイスクリームが浮かぶクリームソーダは
見ているだけでキュンとします。飾りのさくらんぼも欠かせません。

Message
from
milky pop.

クリームソーダのカラフルなビジュアルが子どもの頃から大好きです。
1日1個パンダのお菓子をつくっていた時期に、パンダのクリームソーダを
つくったことを思い出し、今回は白くまのスペシャルクリームソーダにしました。

かわいいラテアート

ラテの表面にふんわりと描かれたラテアートは、まるで本物！
よく見ると、1つ1つ絵柄が異なるのもたまりません。

Message from milky pop.

カフェで注文したときにラテアートがされて出てくるとうれしくなります。
上のクッキーも、元気がないお客様にはスマイルマークを、くまグッズを持っている方には
くまの絵柄を……と、カフェの店員さんの気分になって描きました。

milky pop.

お菓子みたいなアクセサリー

こちらはまるでクッキーのようなアクセサリー。
思わずパクッと食べてしまいたくなります。
お客様の声から生まれた
お菓子みたいなアクセサリーの創作秘話です。

Column

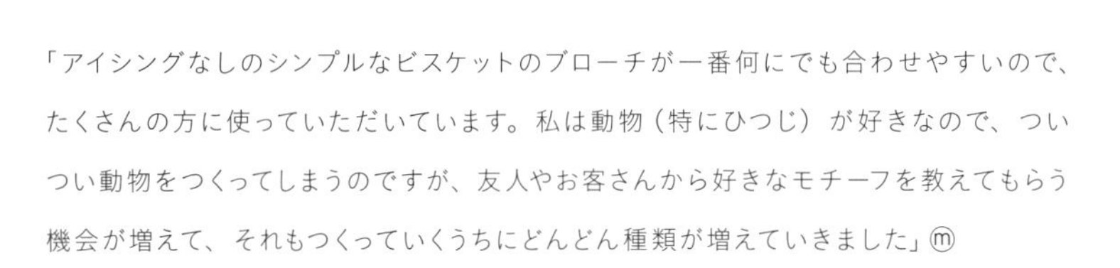

「アイシングなしのシンプルなビスケットのブローチが一番何にでも合わせやすいので、たくさんの方に使っていただいています。私は動物（特にひつじ）が好きなので、ついつい動物をつくってしまうのですが、友人やお客さんから好きなモチーフを教えてもらう機会が増えて、それもつくっていくうちにどんどん種類が増えていきました」ⓜ

Eat
mE
BISCUIT

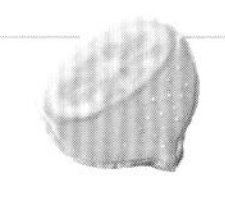

アイシングクッキーの基本のつくり方

アイシングクッキーの基本のつくり方をマスターすれば、好きな絵柄が描けます。
3章で紹介した「定番人気のモチーフ」は、P.84～に型紙を収録しています。

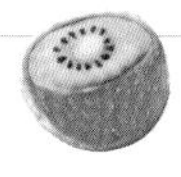

◈アイシングの基本の道具

ボウル…小さめのボウル（直径15cm程度）が使いやすい
ココット皿（もしくは小さめの器）…使いたい色数分
クッキー型…お好みの型もしくはP.84～の型紙を使用
製菓用の着色料…お好みの色
筆
スプーン
クッキングシート

◈材料

〔クッキー生地〕
無塩バター…100g
粉糖…100g
全卵…20g
薄力粉…200g

〔アイシング〕
卵白…卵1個分
粉糖…150～180g
（卵白の量に応じて適宜）
製菓用の着色料（お好みの色）…少量
水…少量（硬さの調節時に適宜）

※上記の材料では、P.68のひつじが約25枚焼けます。その倍の量をつくりたいときは、すべての材料を2倍の量用意すればOK！

1 クッキー生地をつくる

ボウルに常温に戻したバターを入れ、泡立て器で柔らかくなるまでかき混ぜる。粉糖を加えて混ぜる。溶きほぐした卵を数回に分けて加え、混ぜる。ふるった薄力粉を加え、ゴムべらで混ぜる。粉っぽさがなくなるまで混ぜ、手でまとめたら、ラップに包んで、冷蔵庫で1～2時間休ませる。めん棒で生地を約5mmの厚さに伸ばす。

2 生地を型抜きしてオーブンで焼く

1の生地をクッキー型で抜く。
クッキー型がない場合は、紙に絵を描き、クリアファイルに絵柄を写し取り、型紙をつくる。
クッキー生地の上に型紙を置いて、周囲にナイフを入れて切り取る。180℃に予熱しておいたオーブンで約10分焼く。焼き色が足りない場合は、2〜3分長く焼く。

3 アイシングをつくる（ライン用）

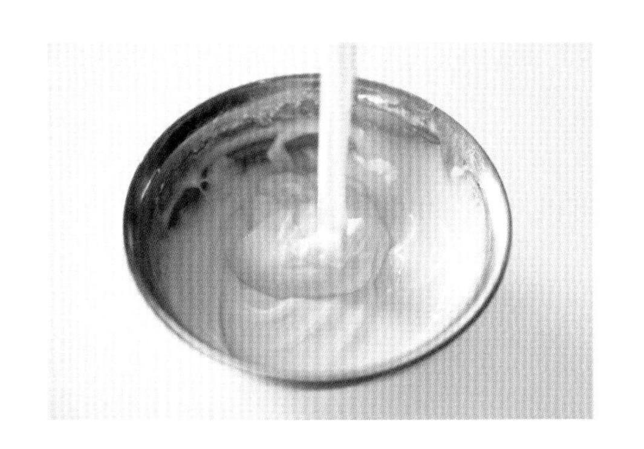

卵白に粉糖を少しずつ入れてスプーンで混ぜる。途中で固さを確認しながら粉糖を足していく。細いラインが引けるようにしっかりした固さにする。スプーンを持ち上げアイシングを垂らしたときに、しっかりと跡が残るくらいの固さにする。

4 コルネ（絞り袋）をつくる

クッキングシートを約20cm×30cmの大きさにカットし、長方形を写真のように2等分にカットする。

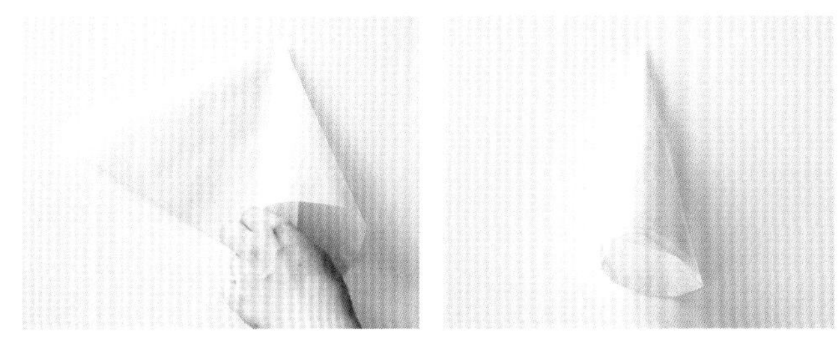

カットした1枚の長辺の中心にコルネの先端が来るように、くるくると端から丸めていく。巻き終わったら、コルネの口を内側に折り込み固定する。

5 コルネにアイシング液を入れる

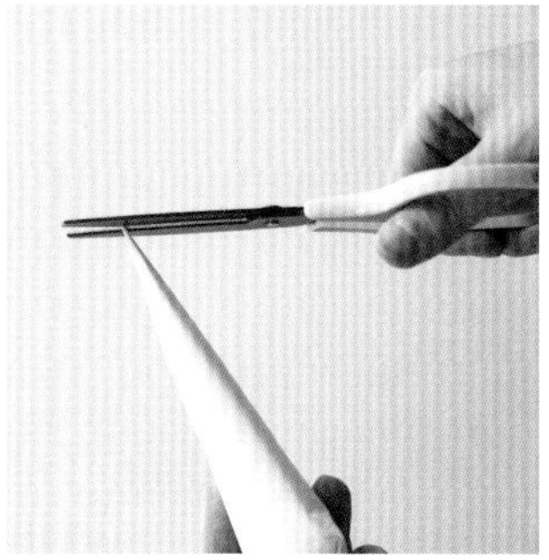

コルネにスプーンで3のアイシングを入れて、空気が入らないように口を閉じ、絞る。コルネの先端が1mmくらいの穴になるようにハサミでカットする。

6 ラインを描く

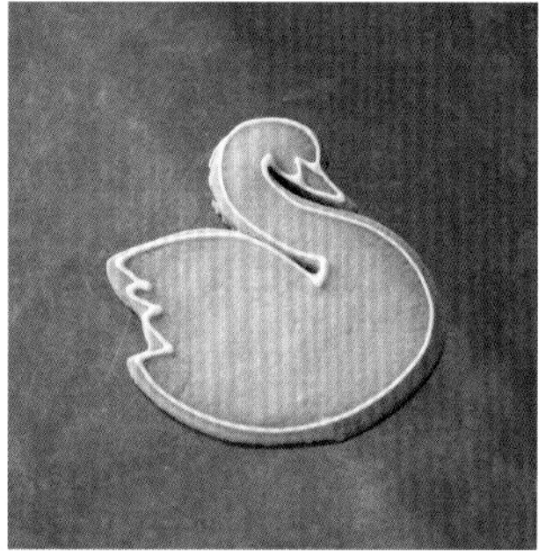

コルネを絞りながら、クッキーの周囲にラインを引いていく。

7 アイシングをつくる（面塗り用）

3のアイシングをココット皿に分け入れ、水を追加して、固さを緩くする。白で塗る用と8の模様の着色をする用の2皿分用意する。面にも色をつけたいときは、8の要領で着色する。

8 アイシング液に色をつける（模様用）

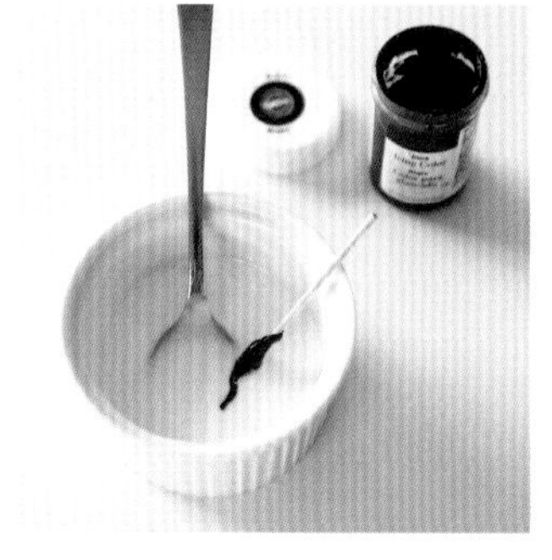

お好みの着色料を少量とり、2皿のうちの1皿のアイシングに混ぜる。コルネを用意し、コルネに着色したアイシングを入れておく。

9 面を塗る

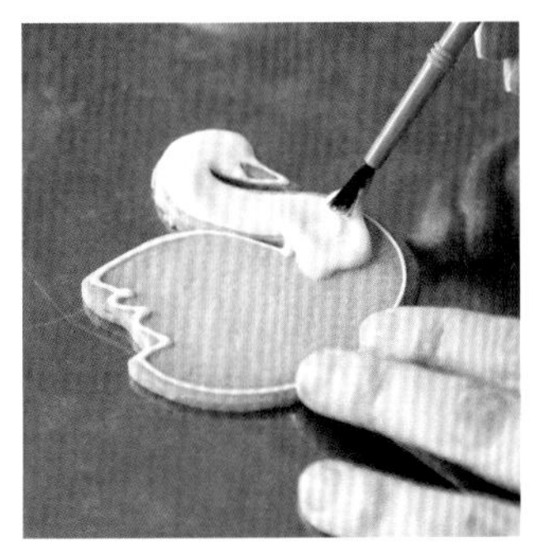

7の薄めたアイシングを筆で取り、輪郭からはみ出ないように内側を塗っていく。筆がない場合はスプーンの背で広げてもOK。

10 模様を描く

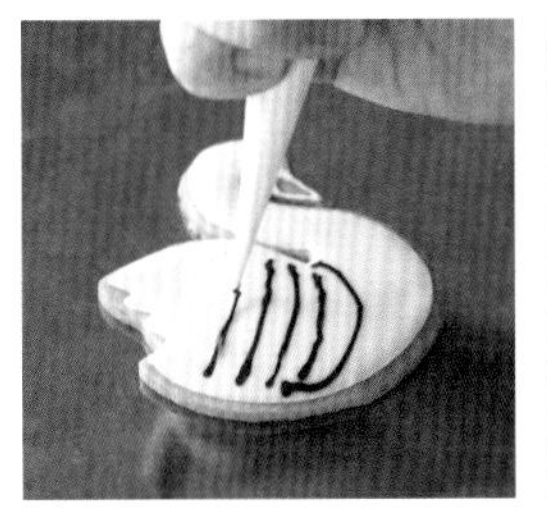

8のコルネの先をハサミでカットし、9が乾く前にラインを引いていく。

11 模様を描く（上級テクニック編）

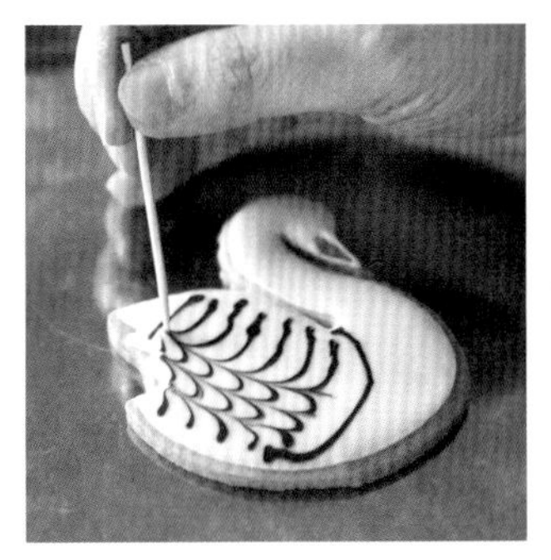

10のラインが乾く前に、引いた線を楊枝で引っ掻くように模様を描くと、写真のような描写もできる。

12 できあがり

6のラインの描き方と、9の面の塗り方、10・11の模様の描き方をマスターすれば、写真のような模様を描くことができる。縁取り線の6は固めのアイシングで、10・11のような模様や全面に塗るときは緩めのアイシングを使うことを忘れずに。

定番モチーフ「かわいい動物と食べもの」の型紙

3章で紹介したクッキーのうち代表的なものについて型紙を用意しました。
基本のつくり方（P.81の2）を参考に、クリアファイルに絵柄を写し取ってお使いください。
なお、型紙はつくりやすいサイズですが、お好みのサイズに拡大縮小コピーしてもOKです。

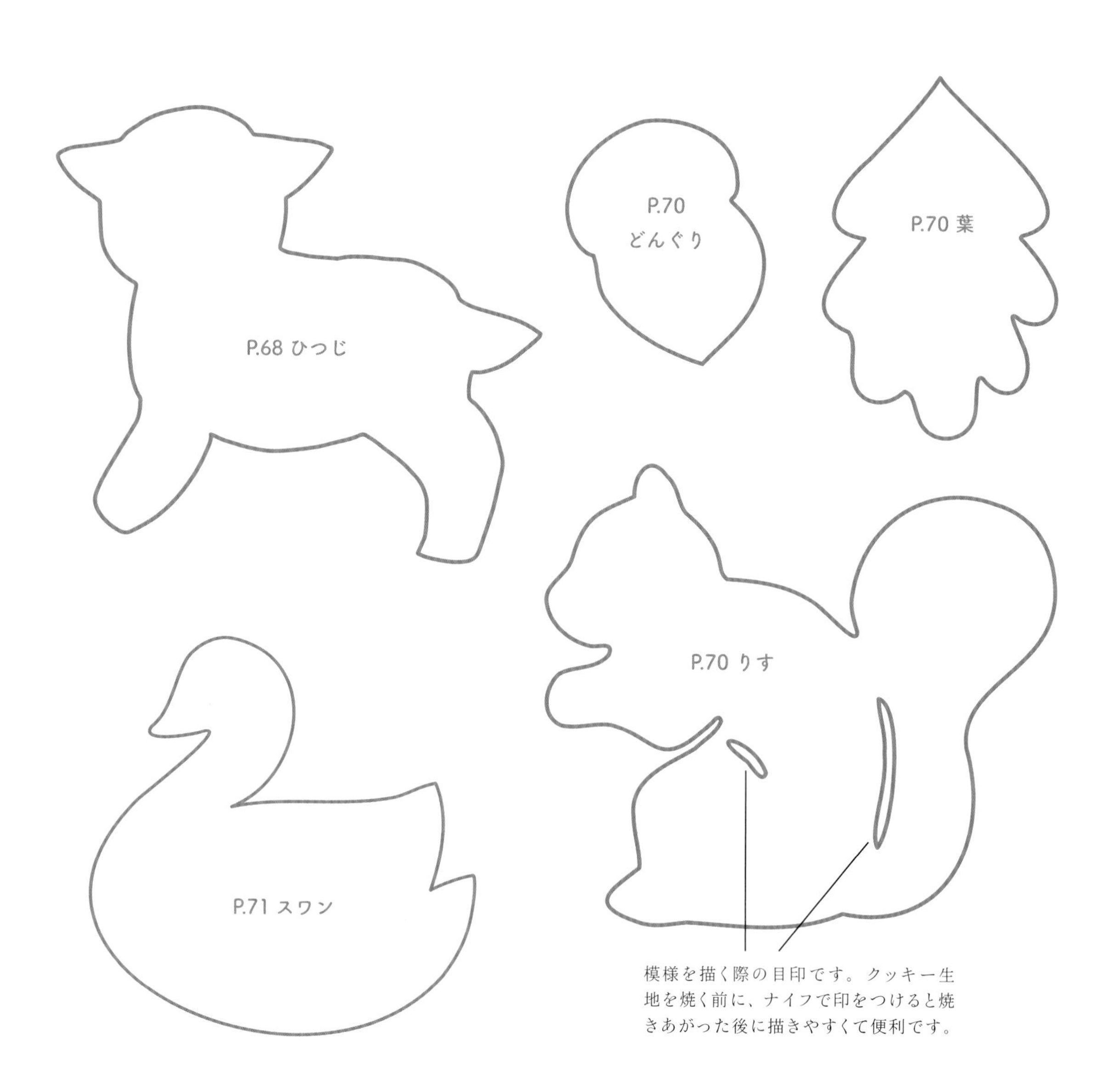

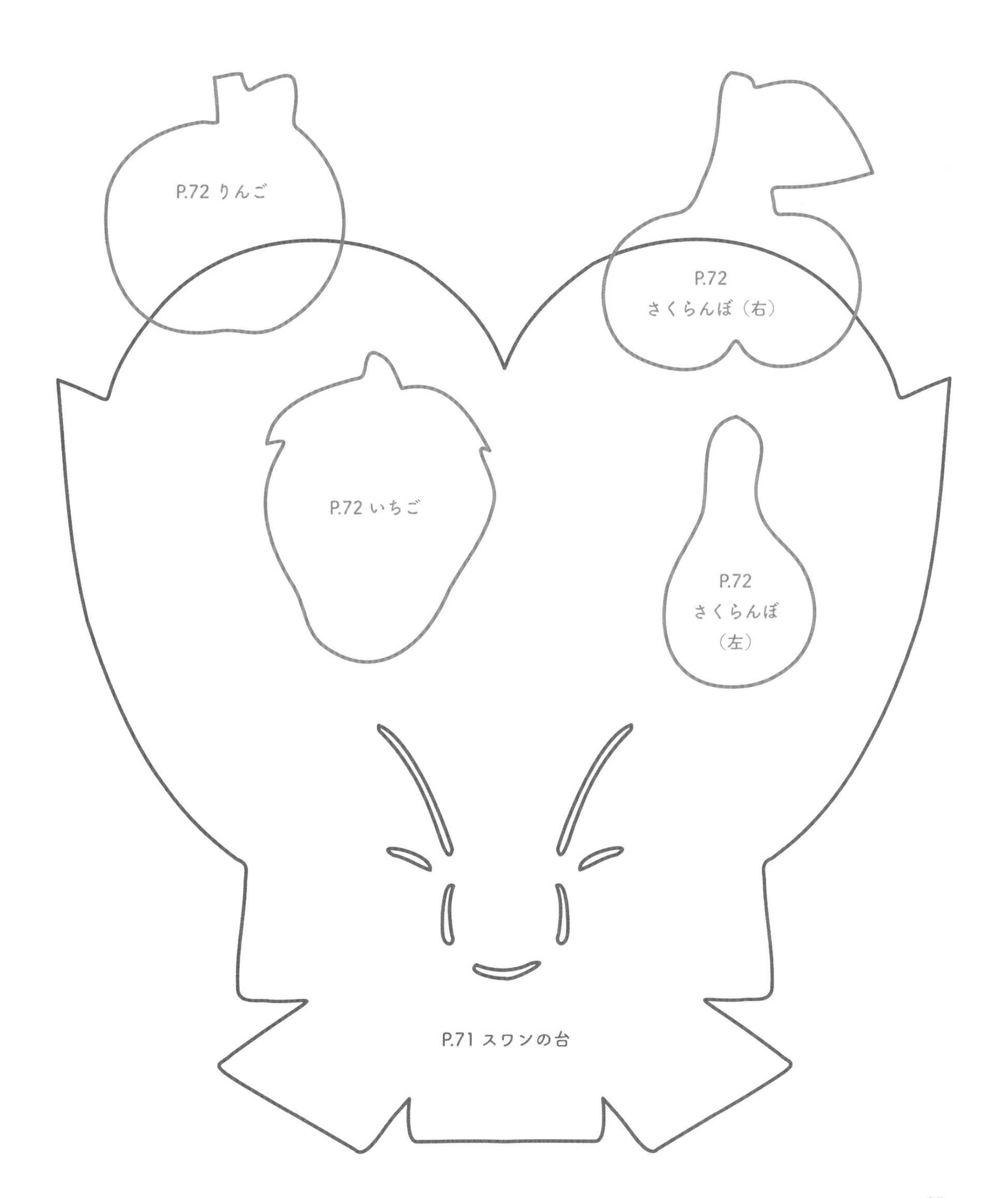
P.72 りんご
P.72
さくらんぼ（右）
P.72 いちご
P.72
さくらんぼ
（左）
P.71 スワンの台

P.73 男の子
P.73 スイカ
P.74 バナナ
P.75 キウイ（断面）
P.74 レモン（断面）
P.74 パイナップル
P.75 キウイ
P.74 レモン

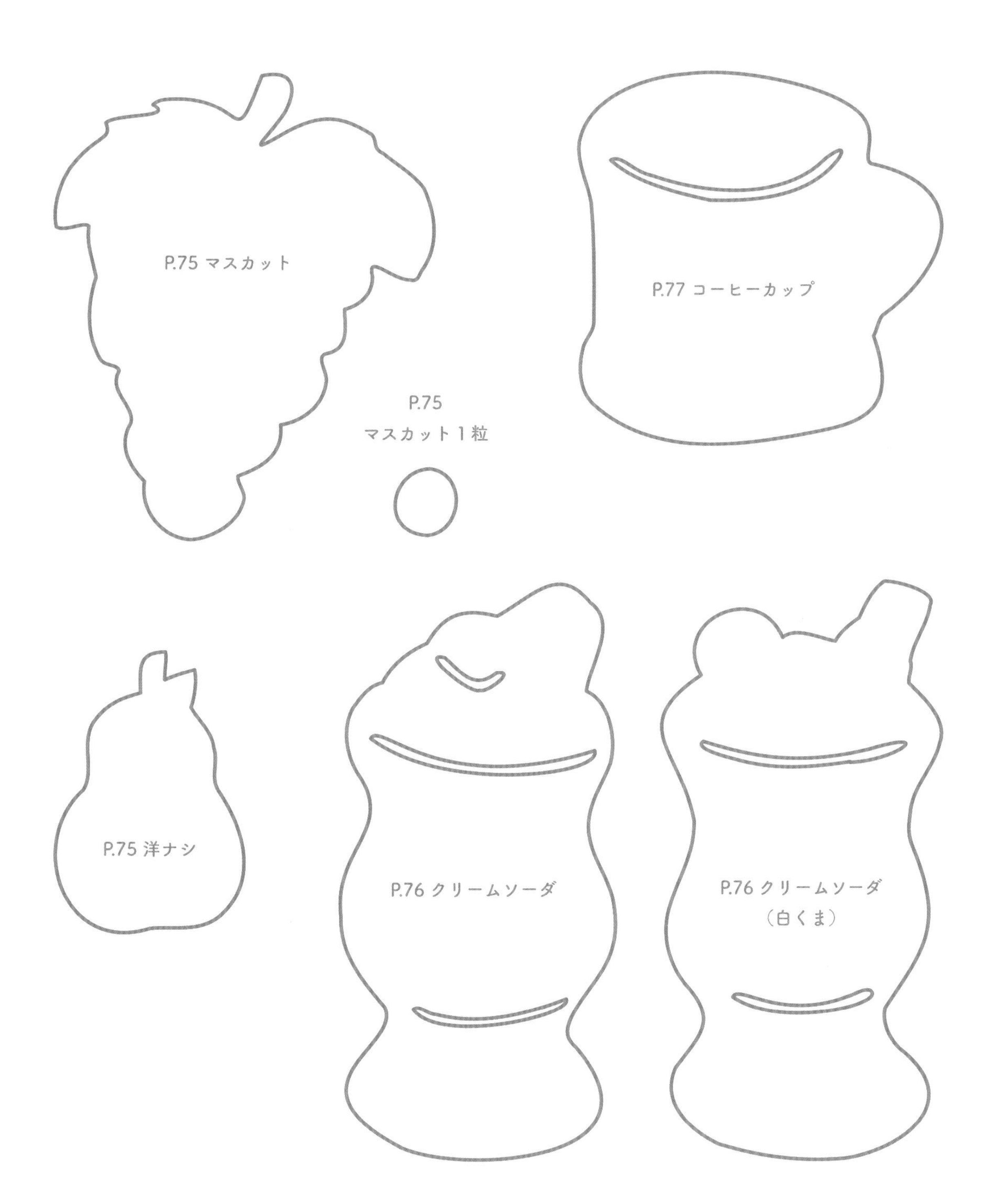
P.75 マスカット
P.77 コーヒーカップ
P.75
マスカット１粒
P.75 洋ナシ
P.76 クリームソーダ
P.76 クリームソーダ
（白くま）

milky pop.

みるきーぽっぷ／お菓子作家。 フランス・パリにて幼少期を過ごす。 子どもの頃より、身近な人を喜ばせたくて、お菓子づくりをしている。 milky pop.としての活動は、2004年頃から。「お菓子の制作・販売を通して人を幸せな気持ちにしたい」という思いで活動を続けている。お菓子は定期的にお店に納品している他、年に一度のmilky pop.展や、作家とのコラボレーション作品としてイベントで販売している。 Instagram @fluffy_lamb

編集・スタイリング
新谷麻佐子

写真
有賀傑

金子睦
神ノ川智早
志田三穂子

デザイン
阿部智佳子

本書は月刊 MOE 2018年 3月号、2019年 6, 8月号、2020年 1, 6, 9, 12月号、
2021年 3, 6, 10月号に掲載された作品に、撮りおろしを含め再構成したものです。

MOE BOOKS
見て楽しむアイシングクッキー
絵本のようなお菓子

2021年11月7日　初版発行

著　者　milky pop.

発行人　柳沢仁

発行所　株式会社　白泉社
〒101-0063　東京都千代田区神田淡路町2-2-2
電 話 03-3526-8065(編集部) 03-3526-8010(販売部) 03-3526-8156(読者係)
印刷・製本　図書印刷株式会社

MOE web　https://www.moe-web.jp
白泉社ホームページ　https://www.hakusensha.co.jp

HAKUSENSHA Printed in Japan
ISBN 978-4-592-73307-2